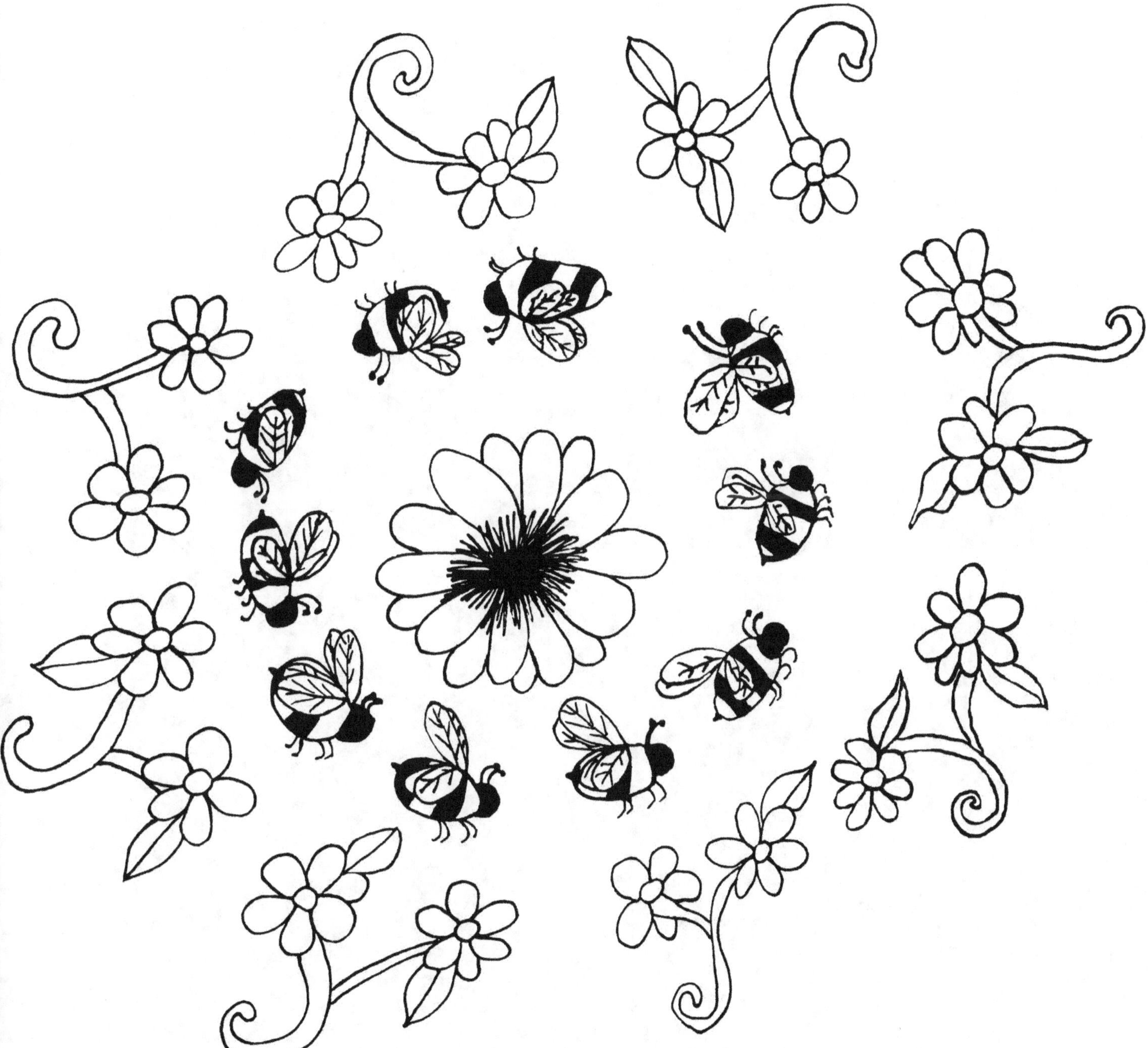

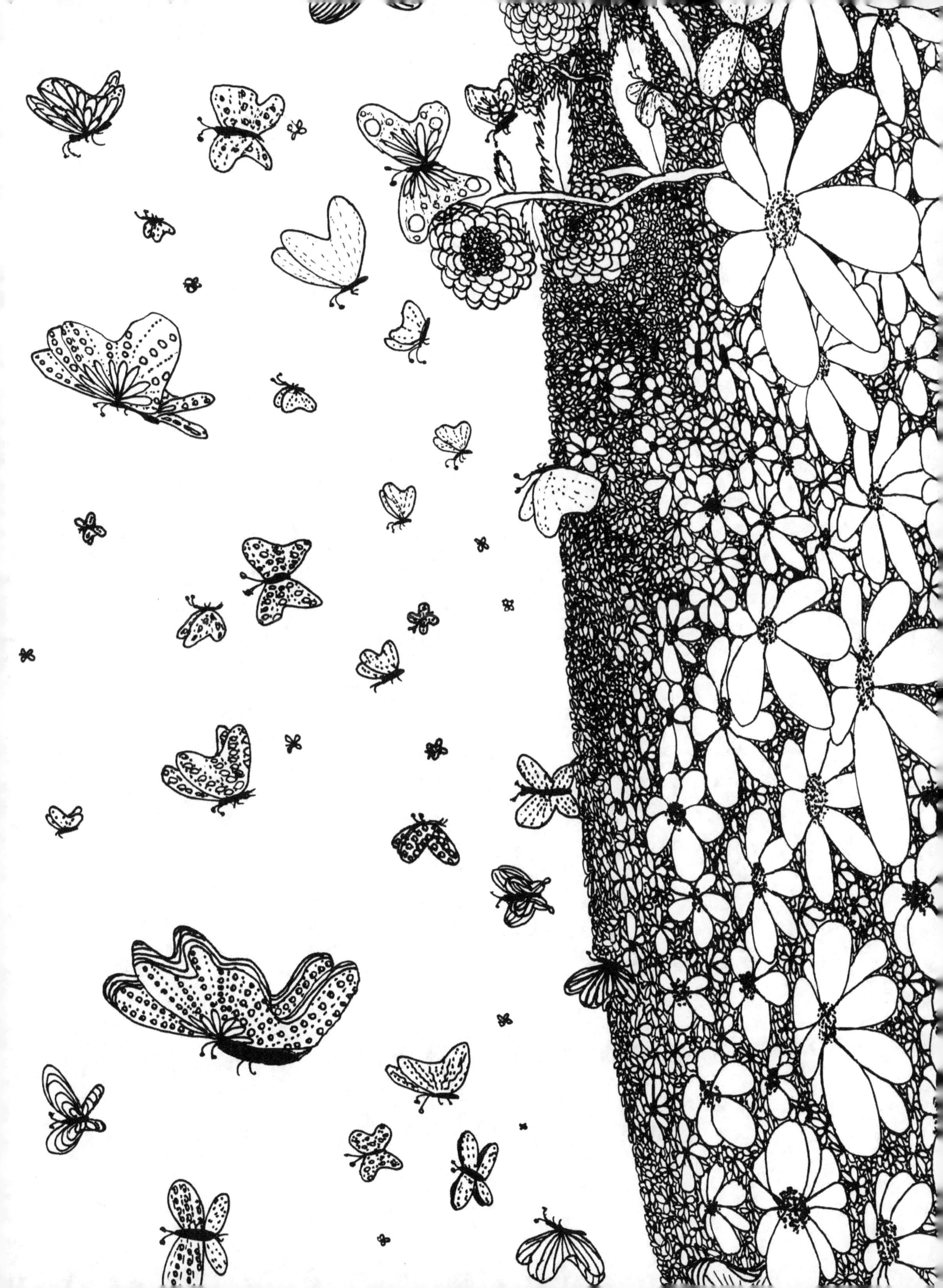

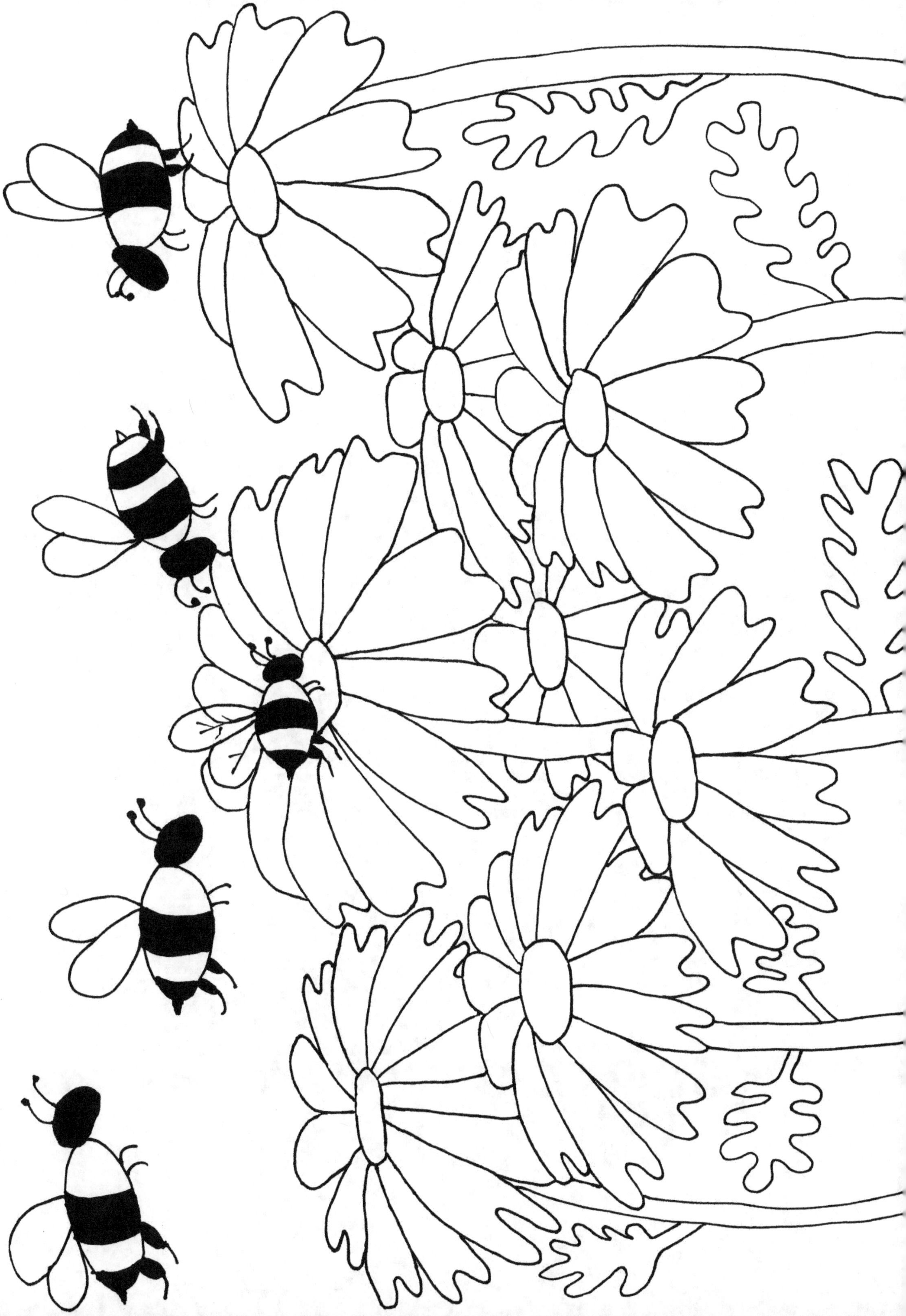

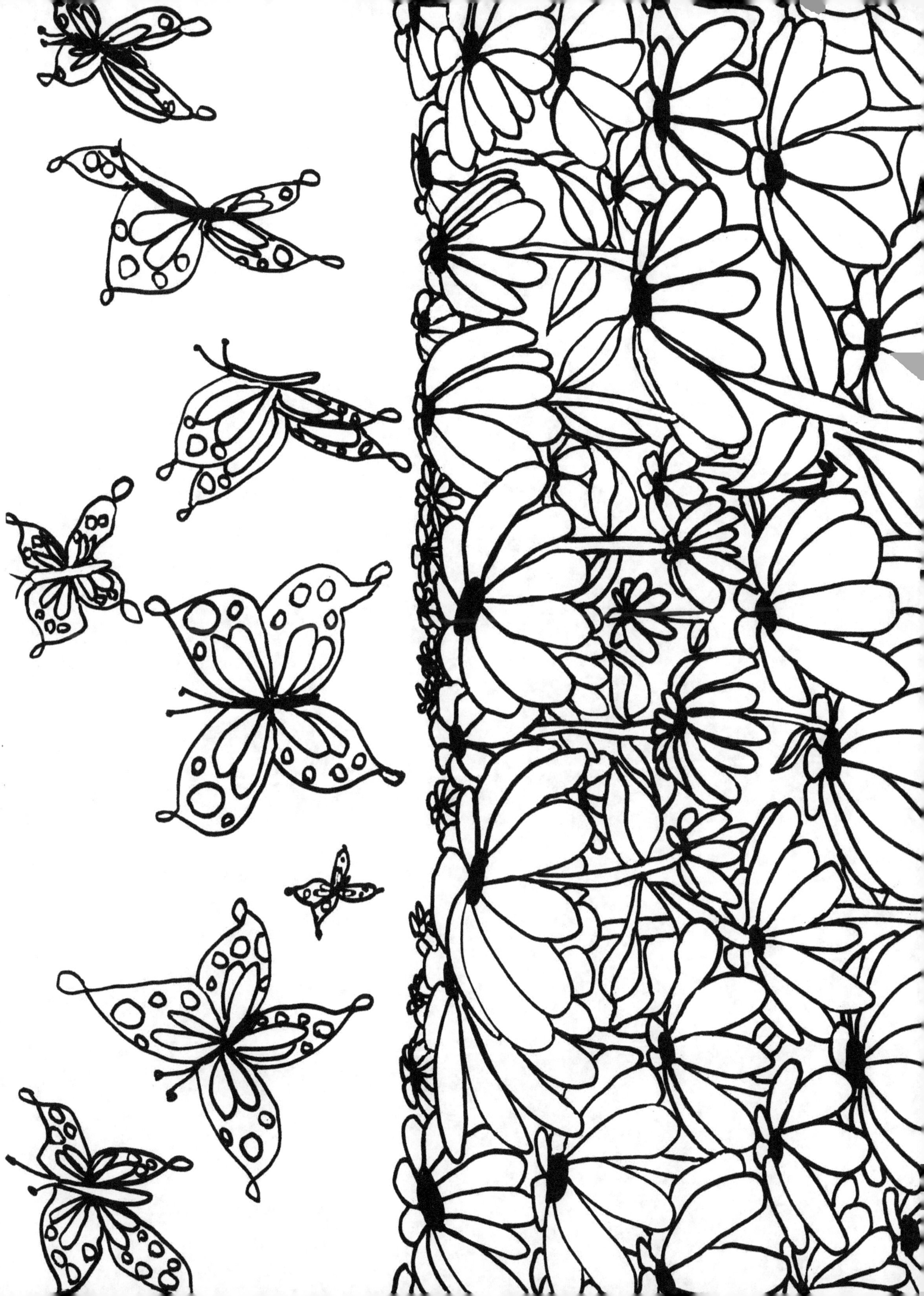

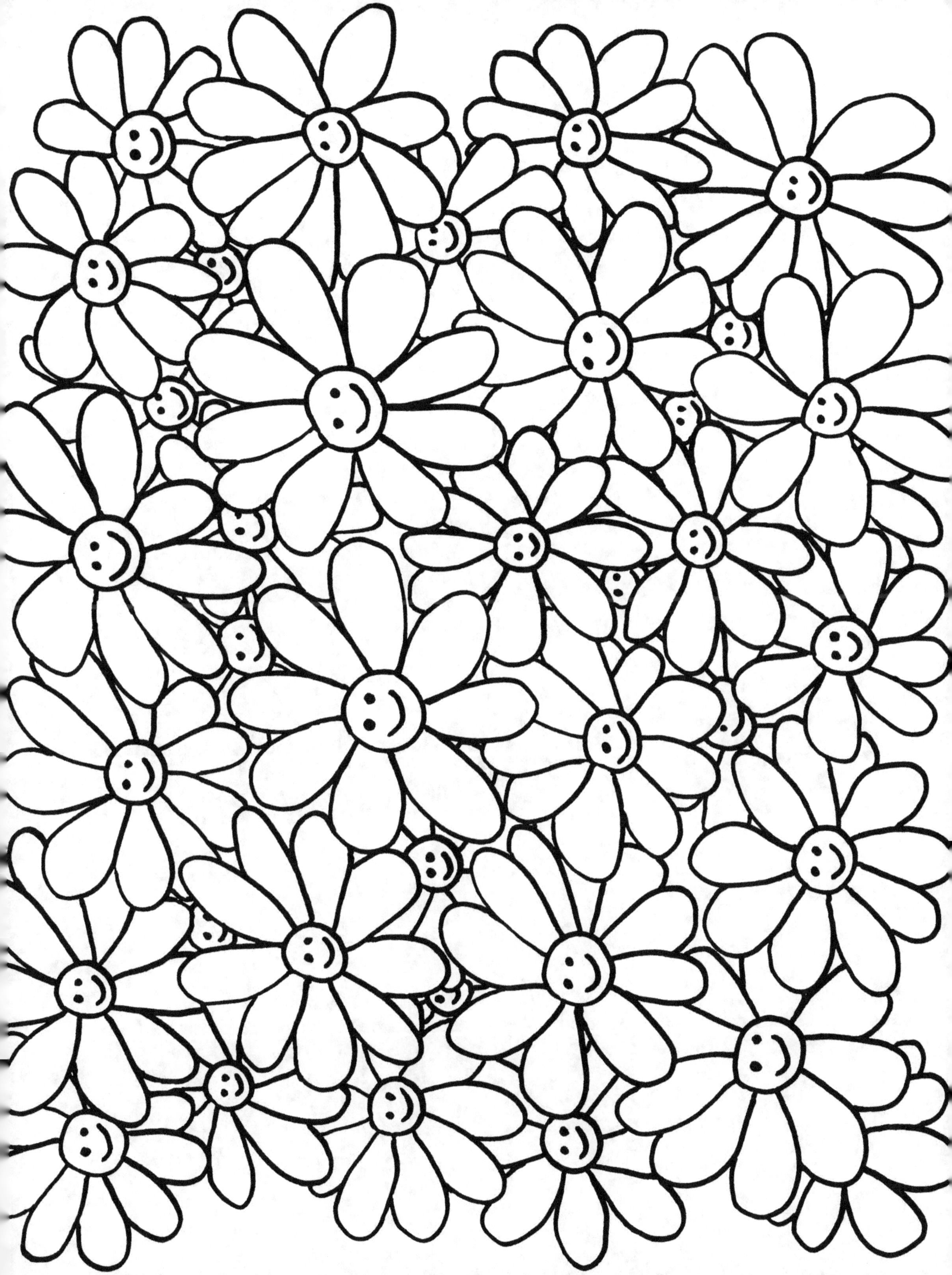

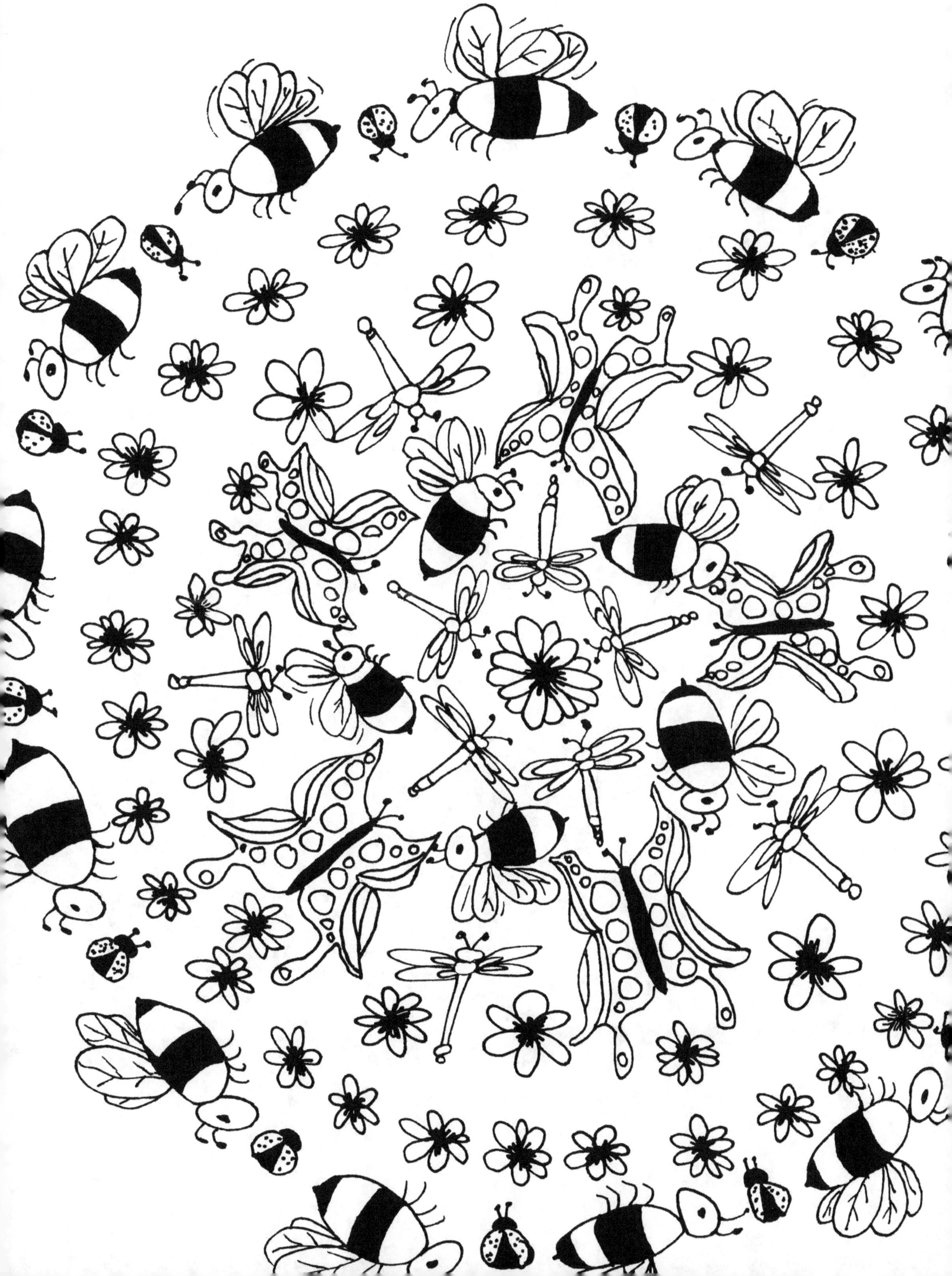

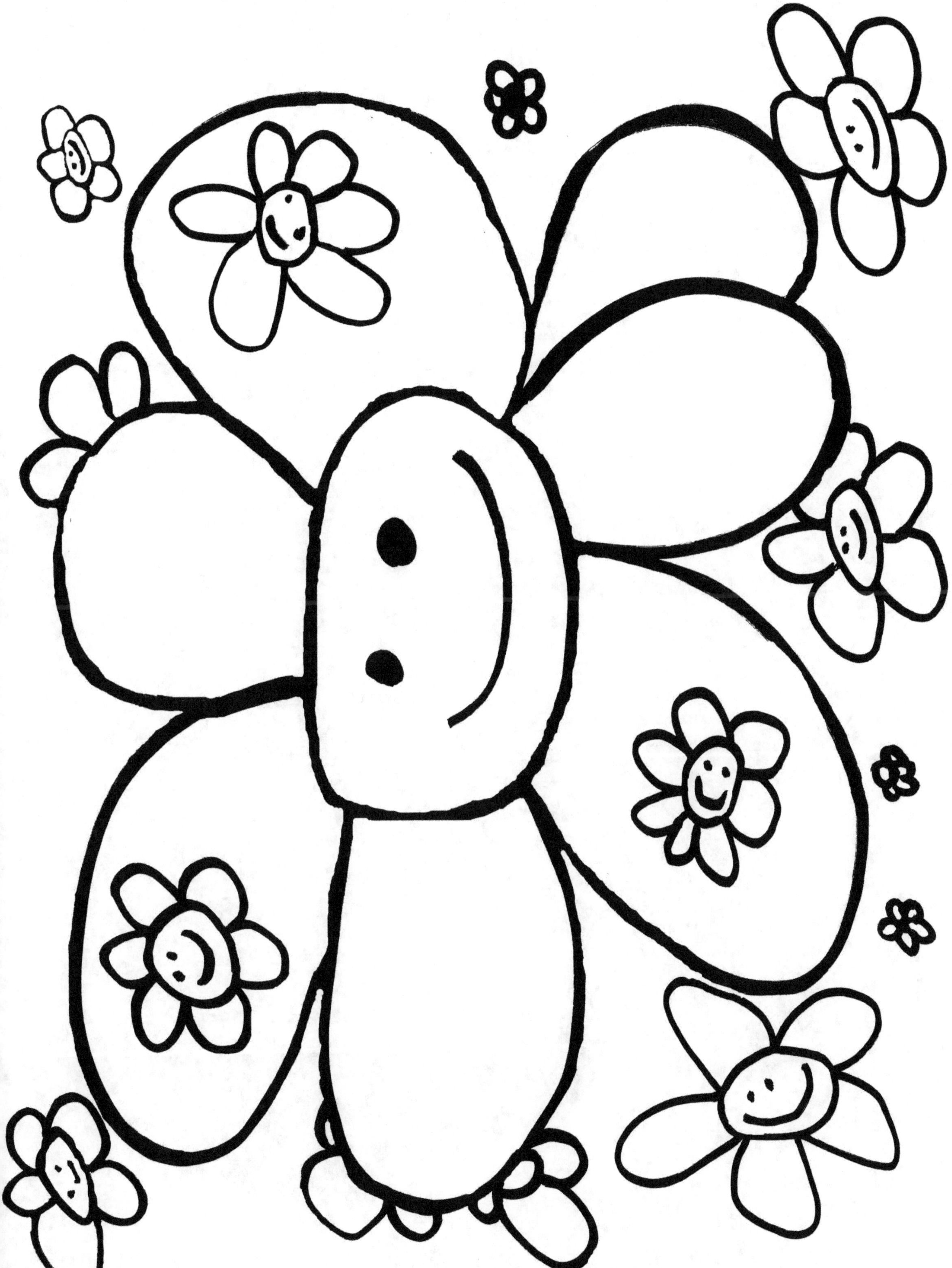

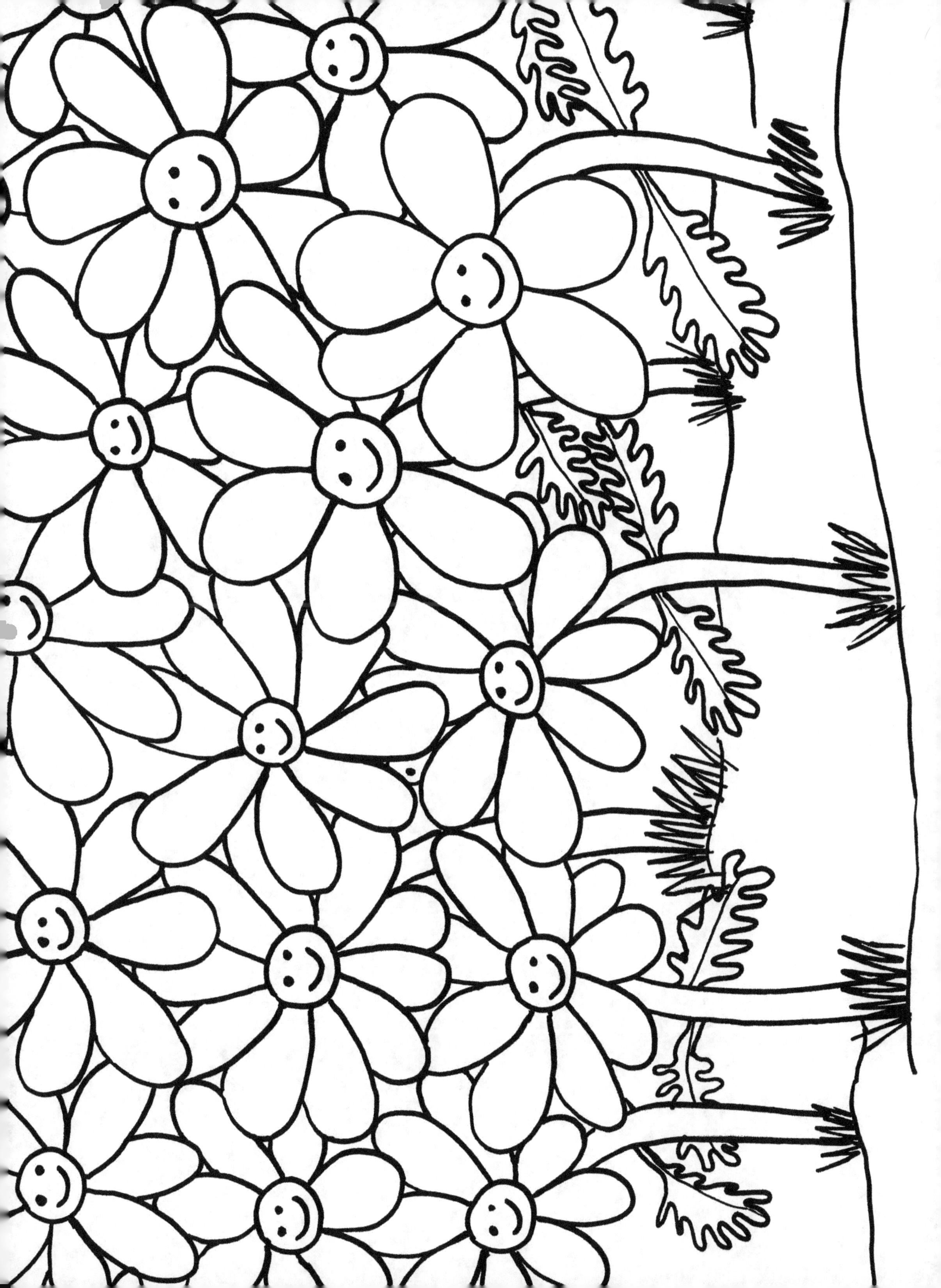

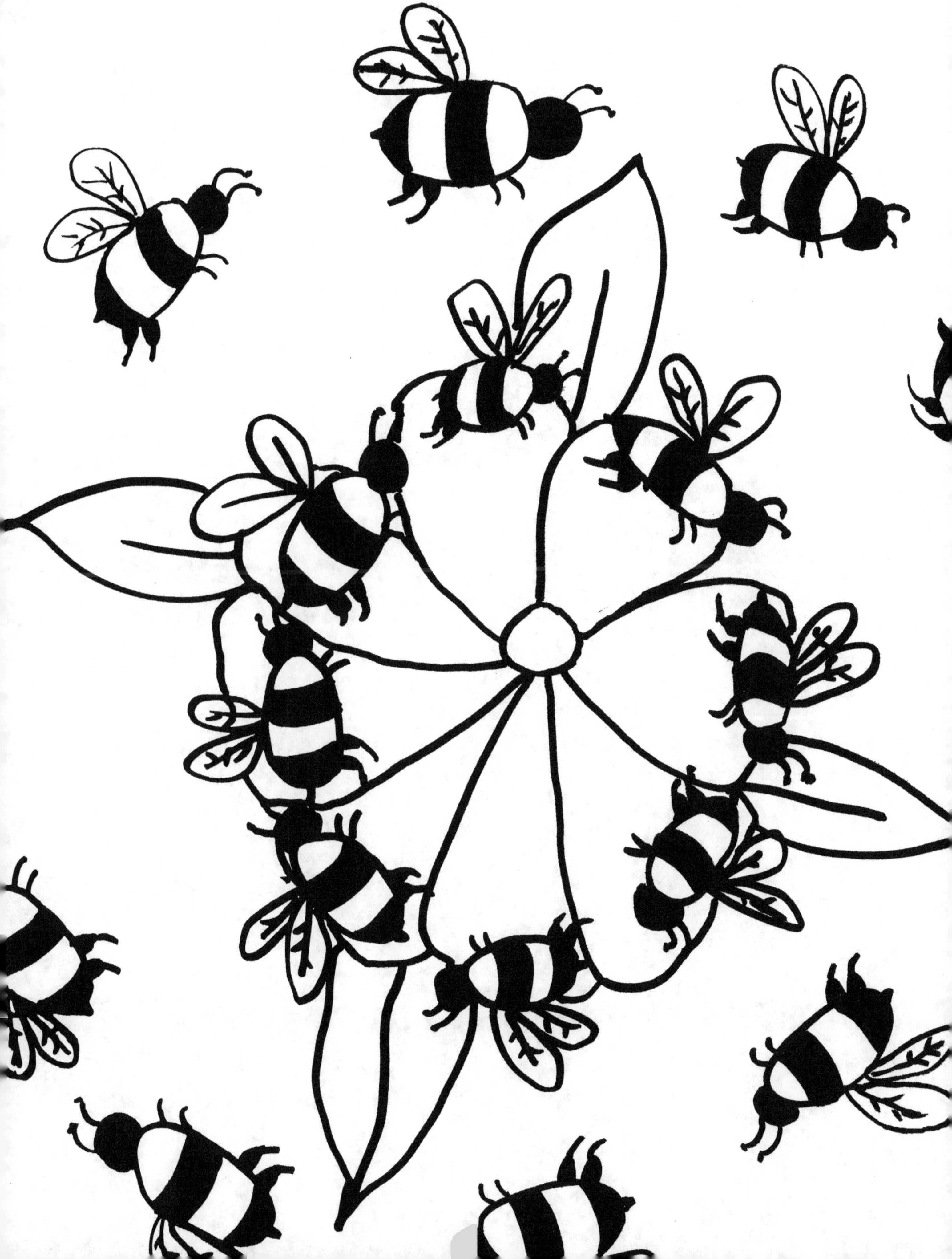

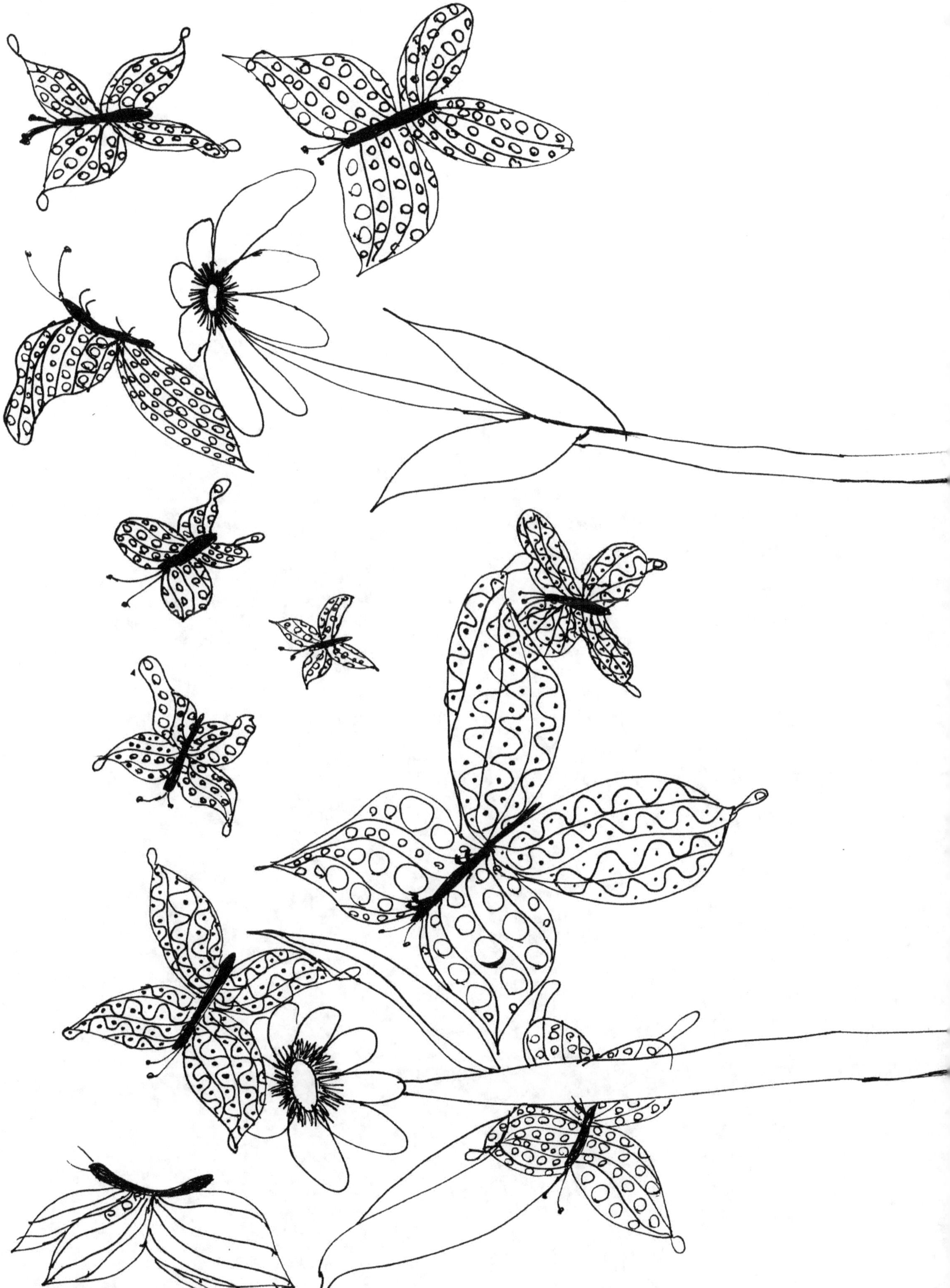

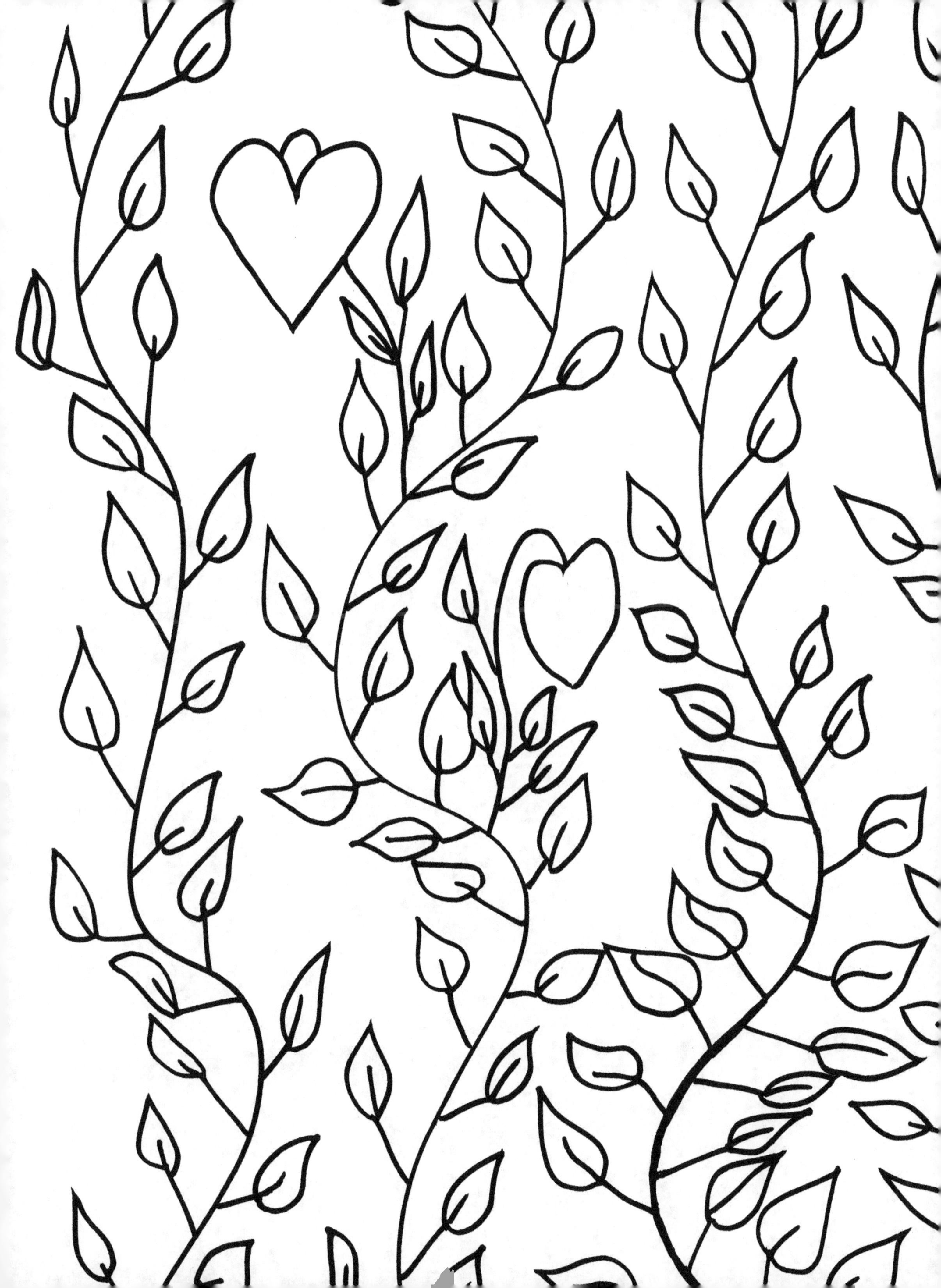

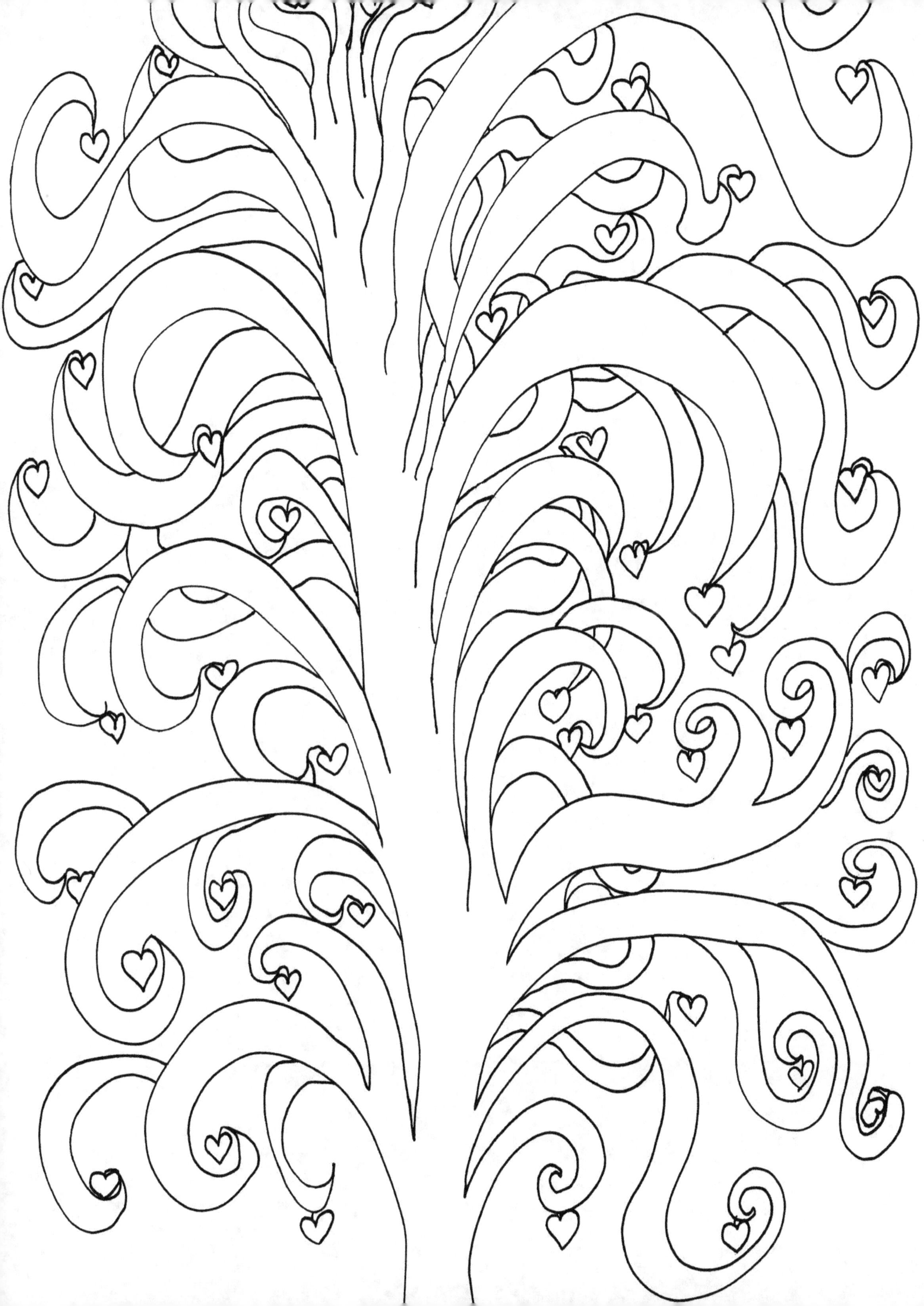

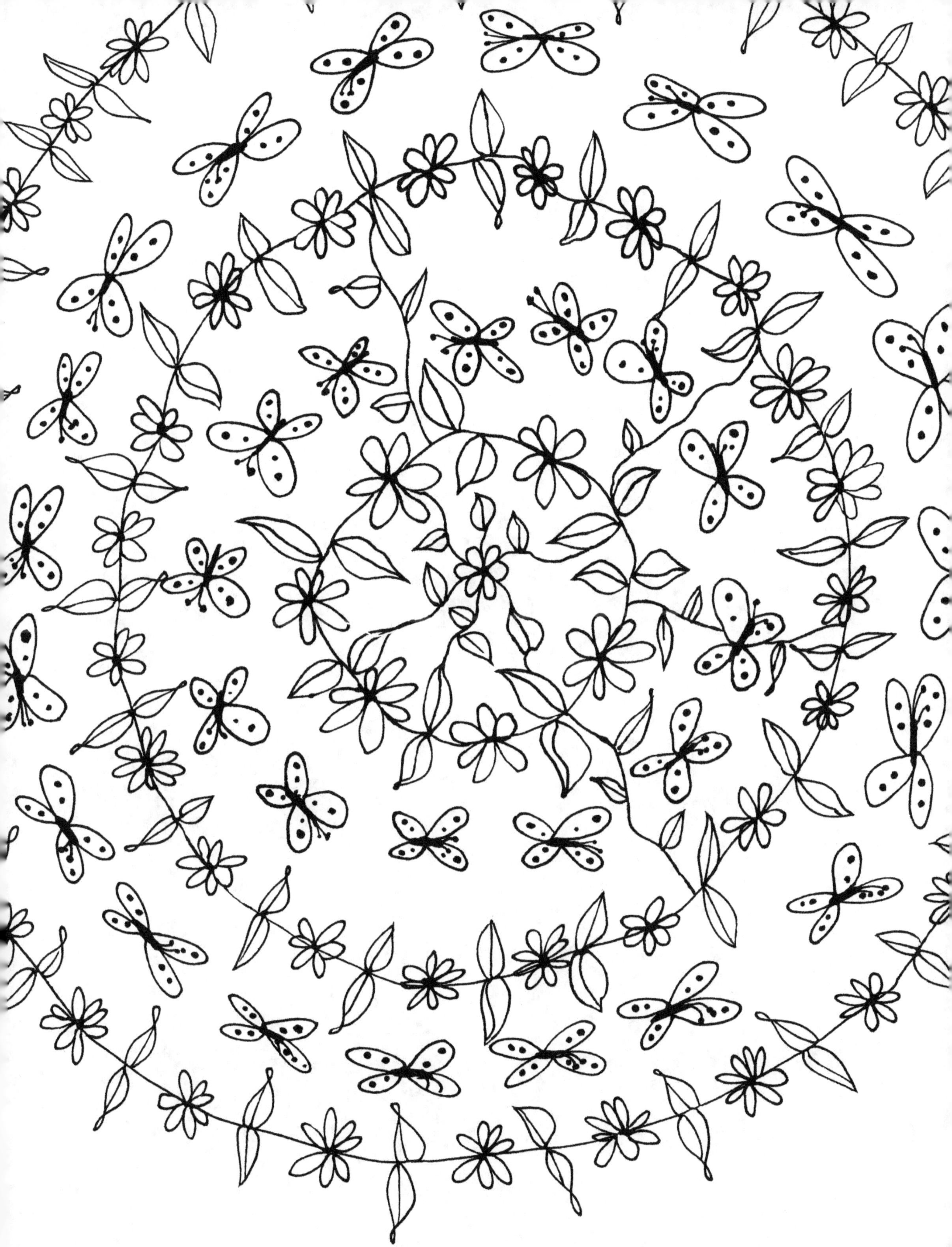

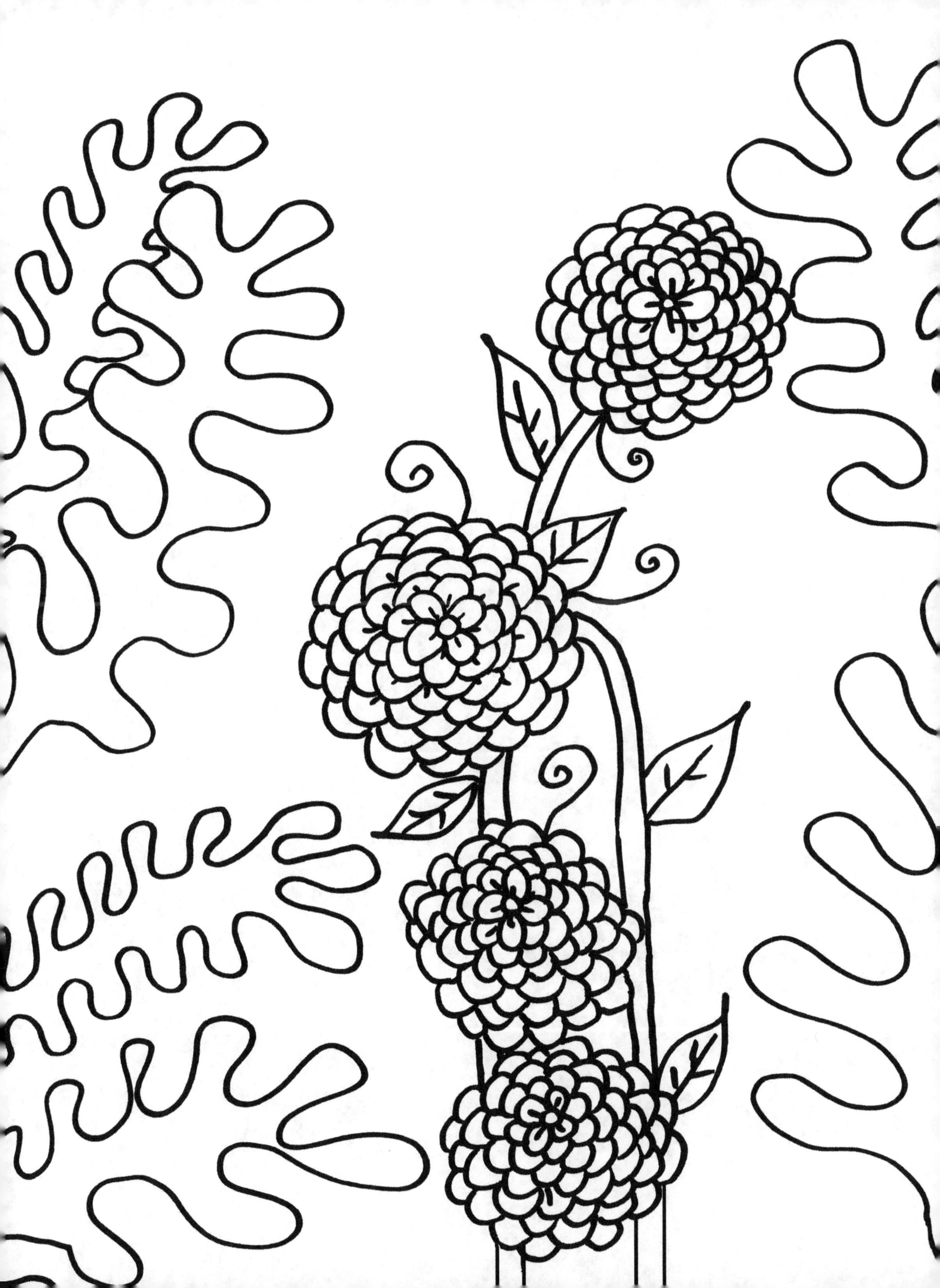

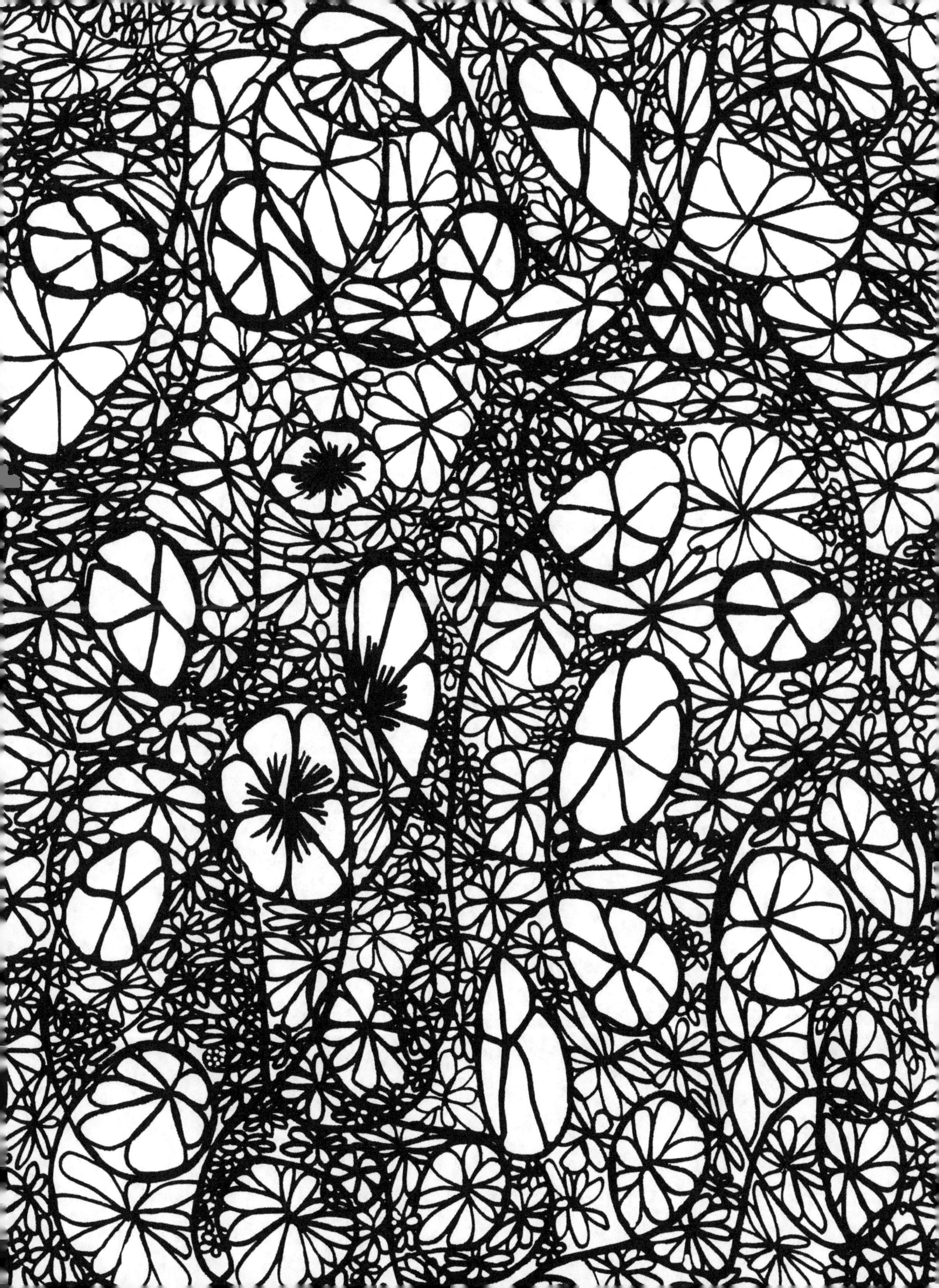

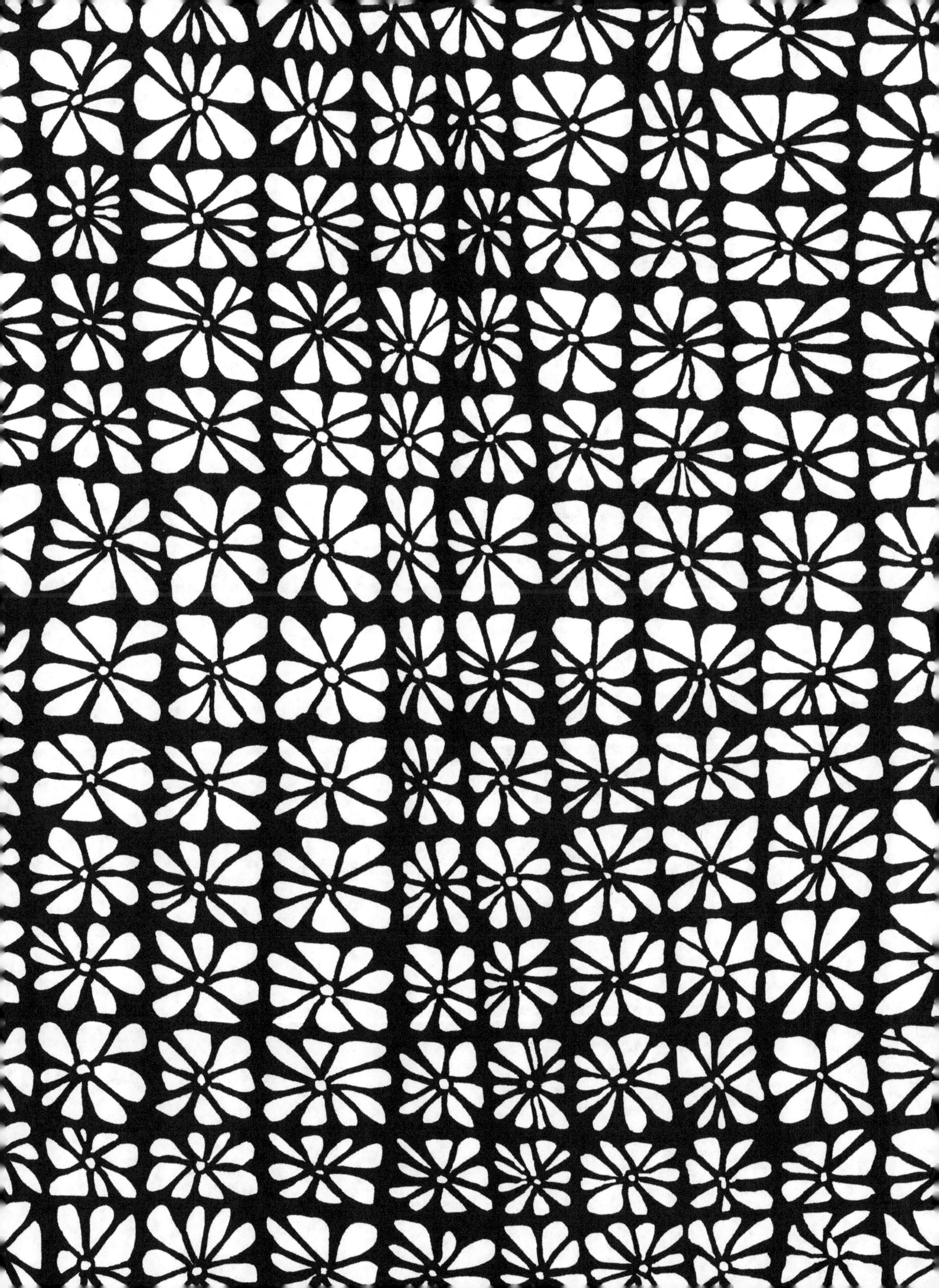

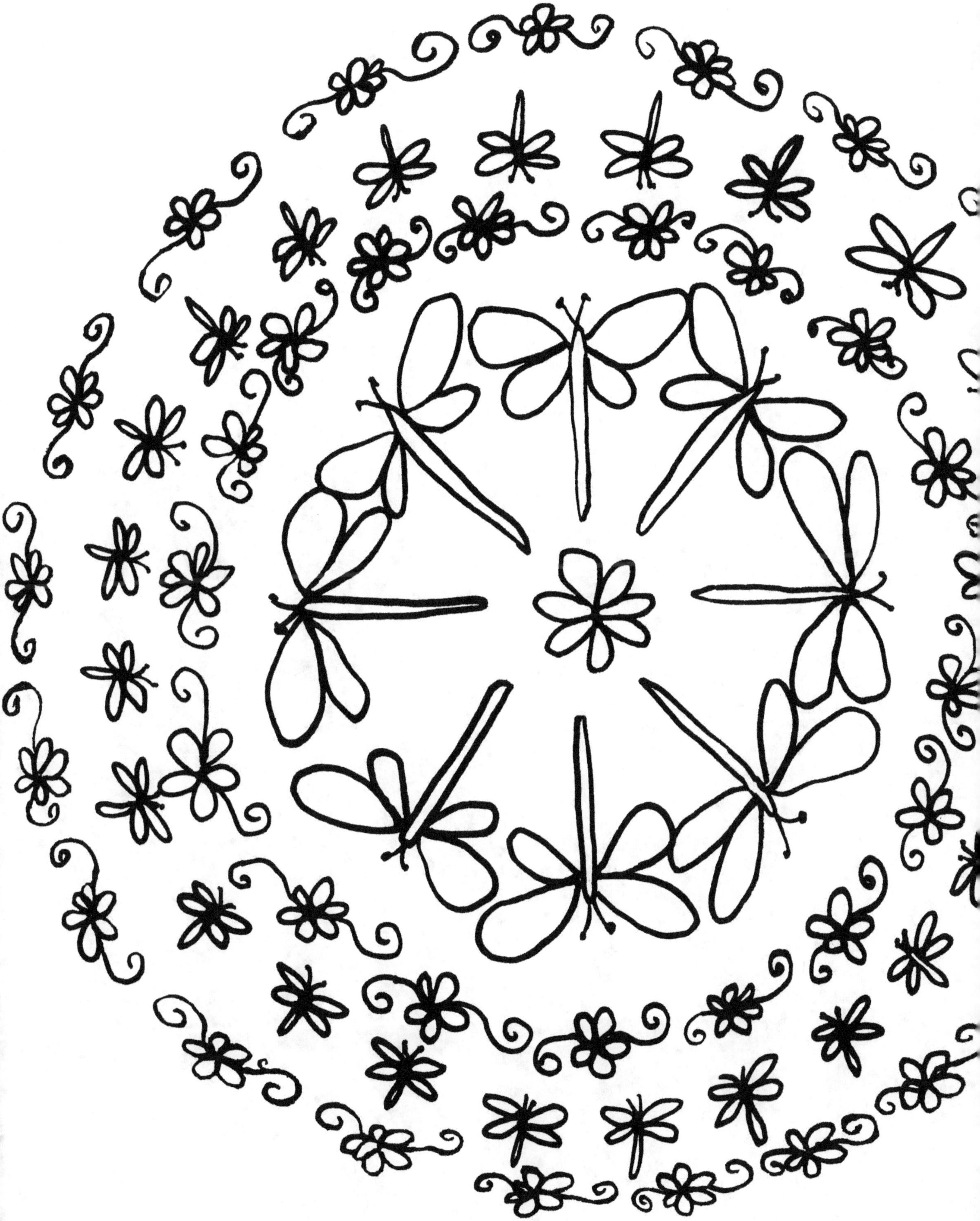

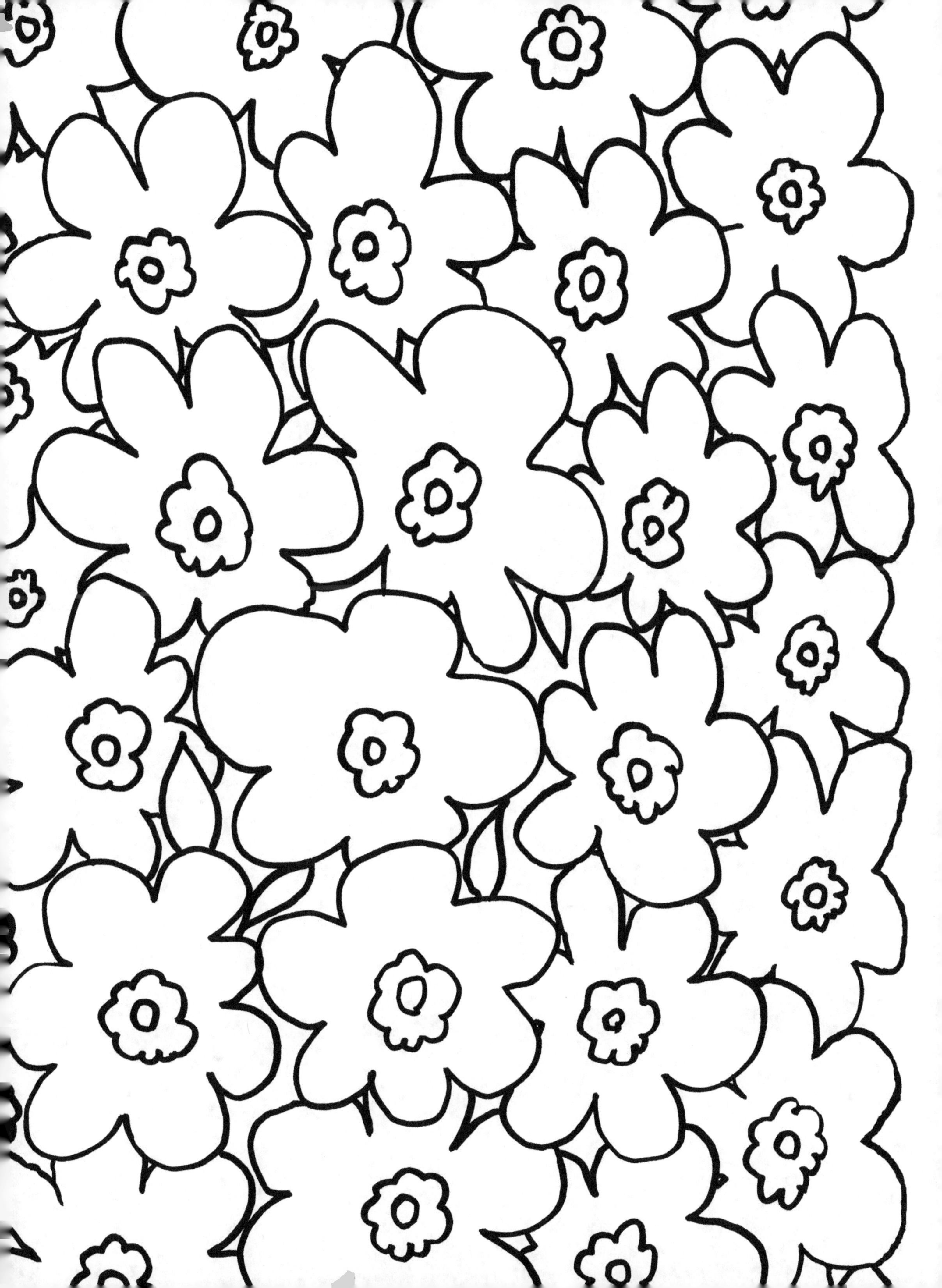

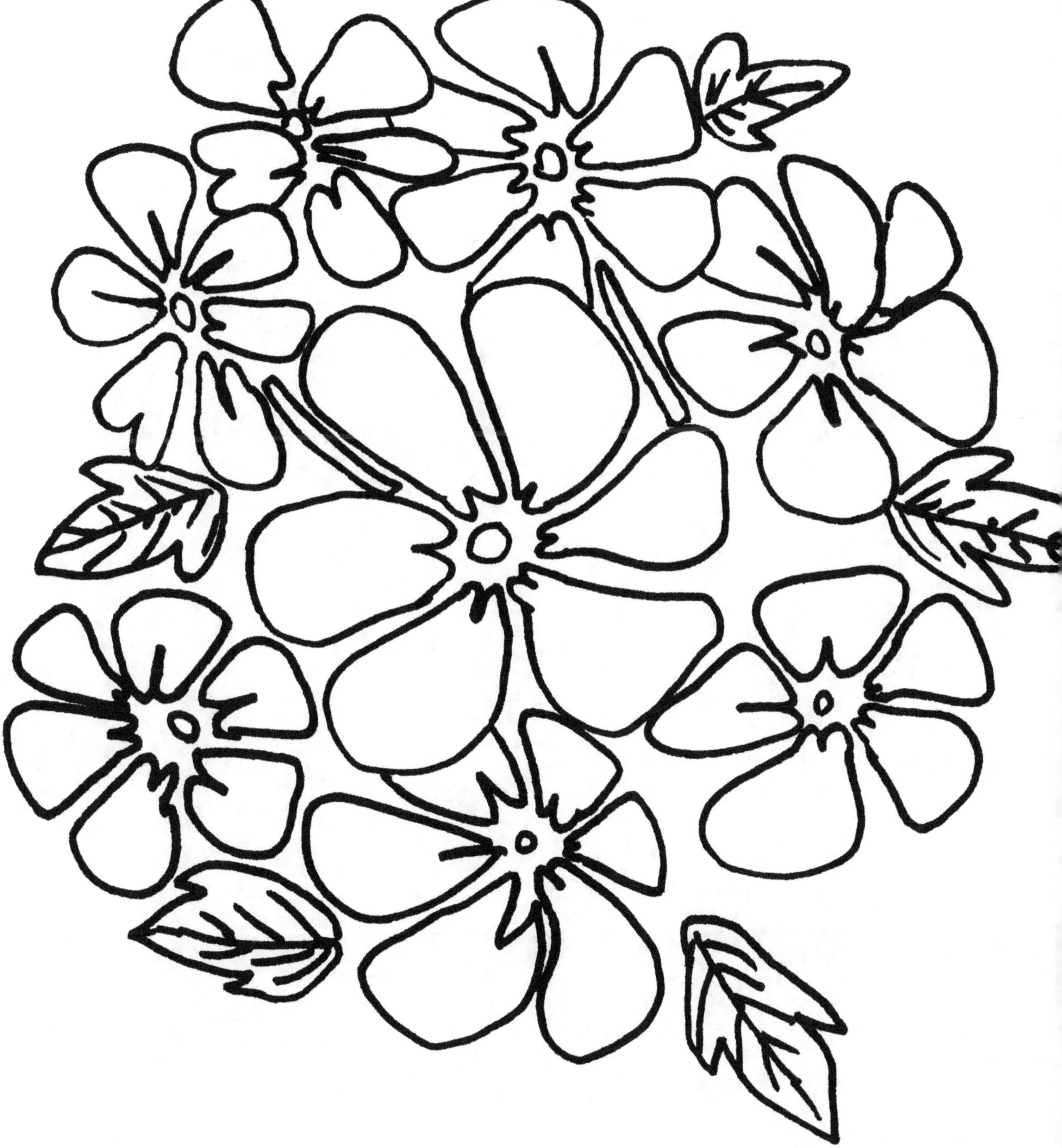

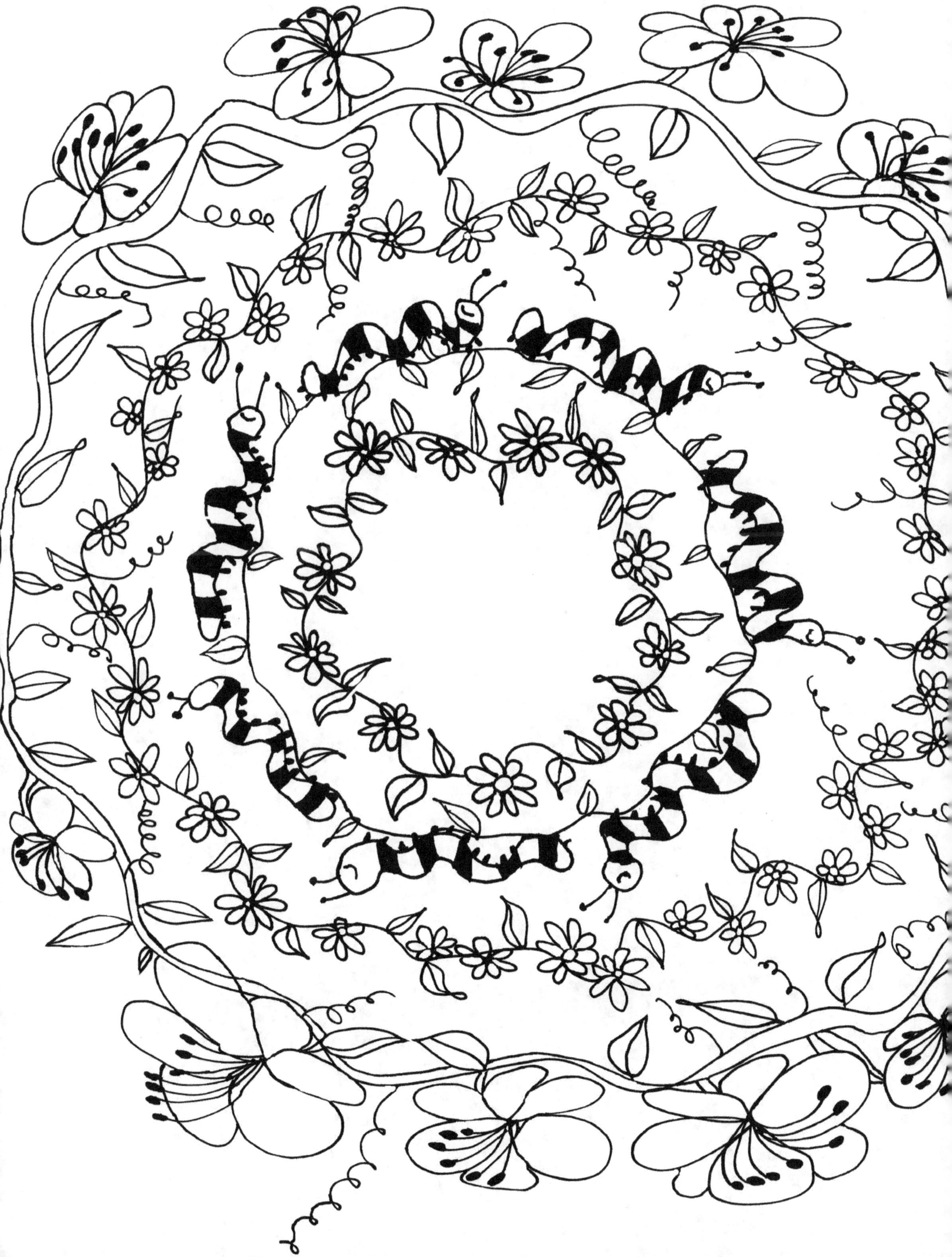

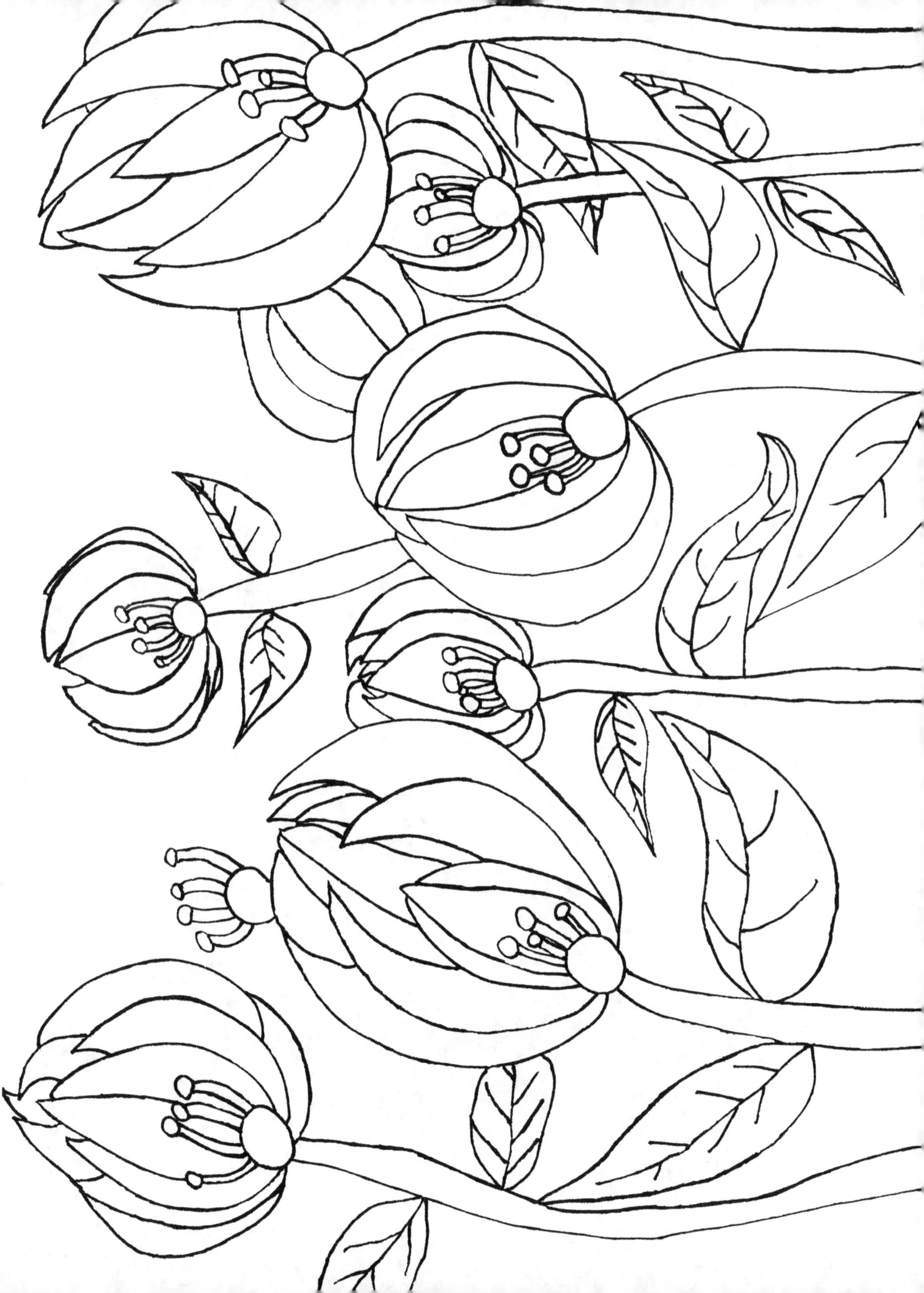

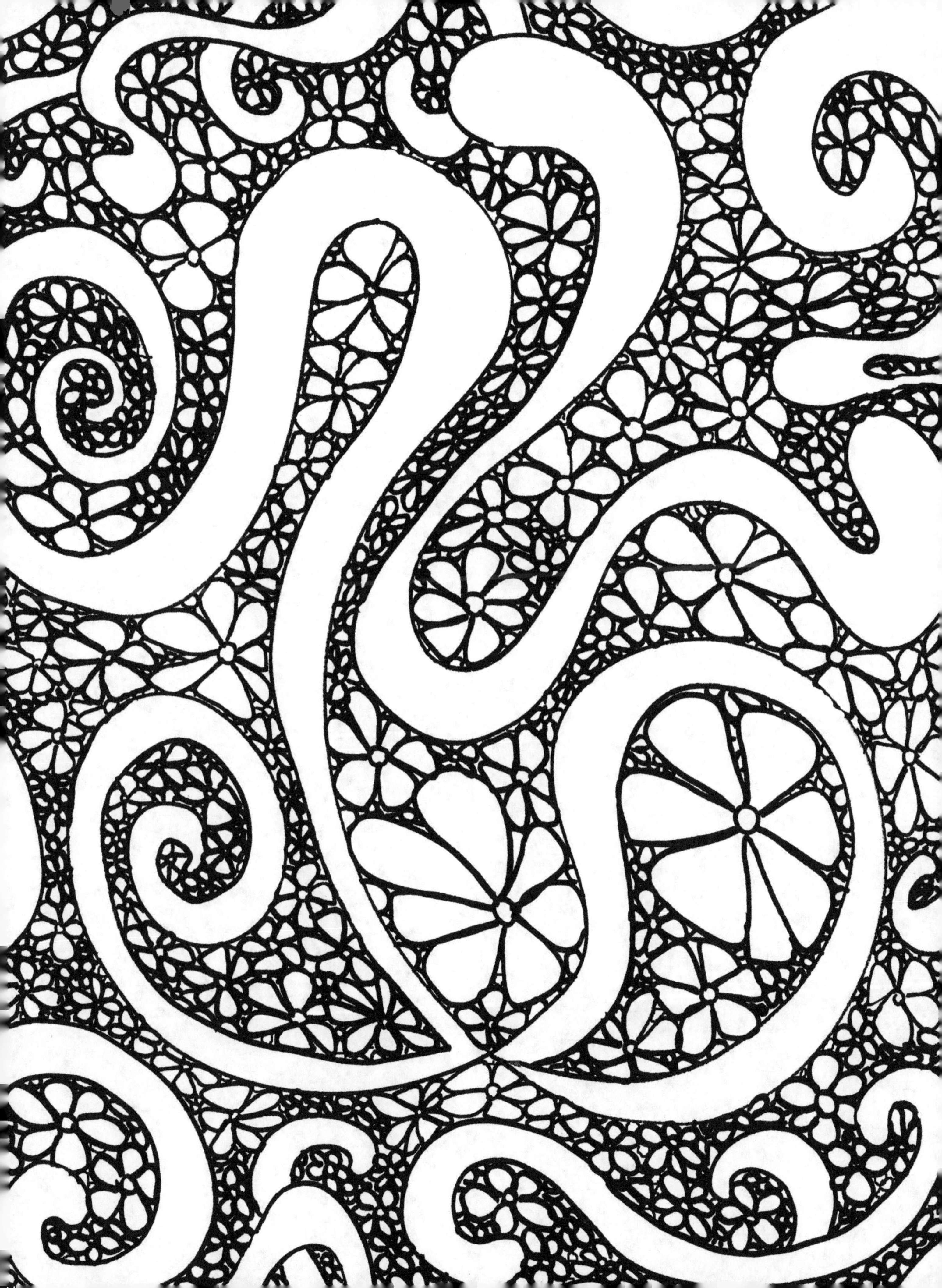

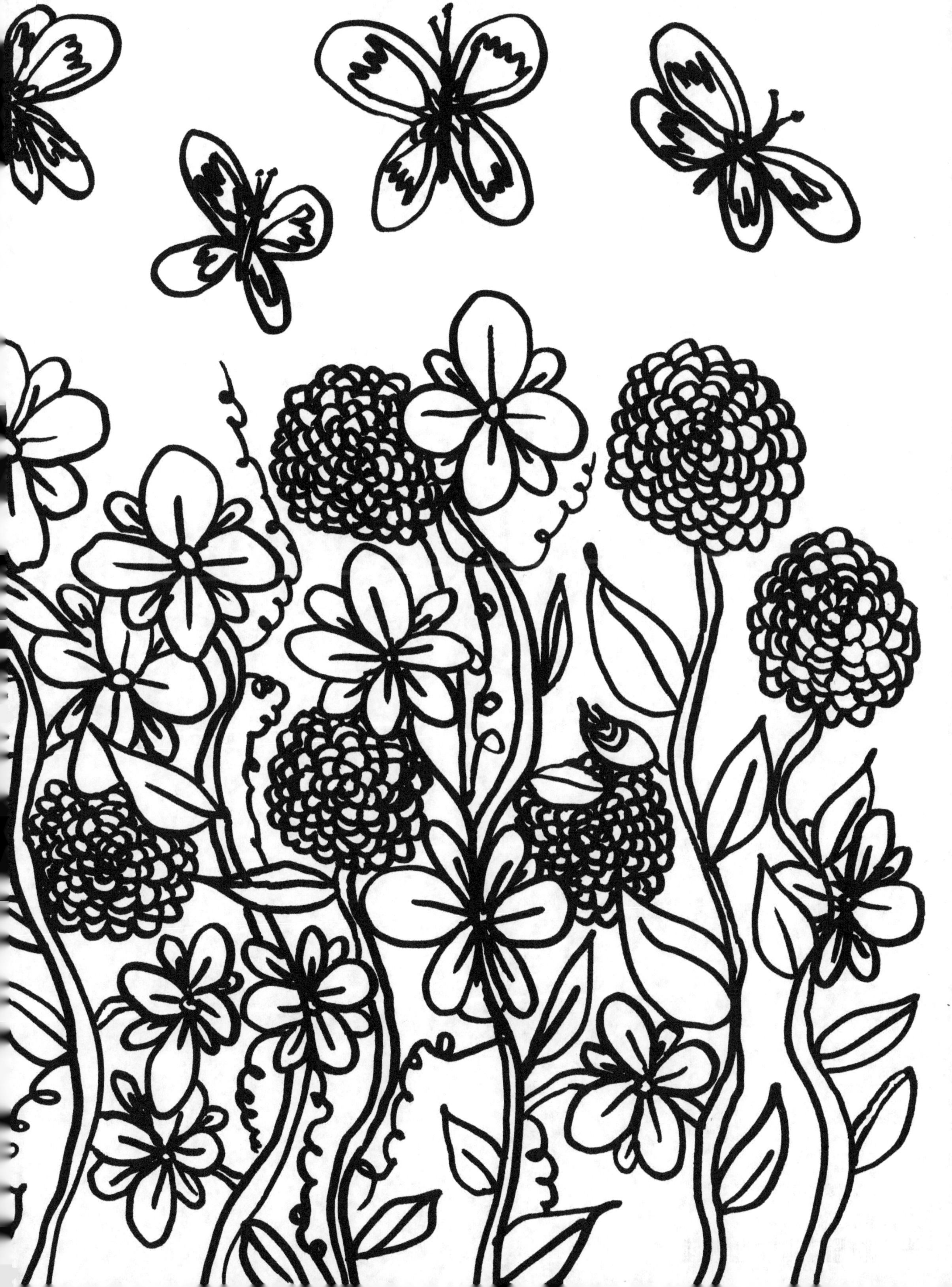

www.ingramcontent.com/pod-product-compliance
Lightning Source LLC
Chambersburg PA
CBHW081231170526
45165CB00009B/3032
* 9 7 8 1 5 4 8 6 9 5 4 1 5 *